Emboscada na Escuridão

Editora Appris Ltda.
2.ª Edição - Copyright© 2020 do autor
Direitos de Edição Reservados à Editora Appris Ltda.

Nenhuma parte desta obra poderá ser utilizada indevidamente, sem estar de acordo com a Lei nº 9.610/98. Se incorreções forem encontradas, serão de exclusiva responsabilidade de seus organizadores. Foi realizado o Depósito Legal na Fundação Biblioteca Nacional, de acordo com as Leis nos 10.994, de 14/12/2004, e 12.192, de 14/01/2010.

Catalogação na Fonte
Elaborado por: Josefina A. S. Guedes
Bibliotecária CRB 9/870

C517e 2020	Chemin, José Gaspar Emboscada na escuridão / José Gaspar Chemin. 2. ed. – Curitiba: Appris, 2020. 55 p. ; 21 cm. Inclui bibliografias ISBN 978-65-5523-471-8 1. Ficção brasileira. I. Título. II. Série. CDD – 869.3

Appris editora

Editora e Livraria Appris Ltda.
Av. Manoel Ribas, 2265 – Mercês
Curitiba/PR – CEP: 80810-002
Tel. (41) 3156-4731
www.editoraappris.com.br

Printed in Brazil
Impresso no Brasil

José Gaspar Chemin

Emboscada na Escuridão

2ª edição

FICHA TÉCNICA

EDITORIAL
Augusto V. de A. Coelho
Marli Caetano
Sara C. de Andrade Coelho

COMITÊ EDITORIAL
Andréa Barbosa Gouveia (UFPR)
Jacques de Lima Ferreira (UP)
Marilda Aparecida Behrens (PUCPR)
Ana El Achkar (UNIVERSO/RJ)
Conrado Moreira Mendes (PUC-MG)
Eliete Correia dos Santos (UEPB)
Fabiano Santos (UERJ/IESP)
Francinete Fernandes de Sousa (UEPB)
Francisco Carlos Duarte (PUCPR)
Francisco de Assis (Fiam-Faam, SP, Brasil)
Juliana Reichert Assunção Tonelli (UEL)
Maria Aparecida Barbosa (USP)
Maria Helena Zamora (PUC-Rio)
Maria Margarida de Andrade (Umack)
Roque Ismael da Costa Güllich (UFFS)
Toni Reis (UFPR)
Valdomiro de Oliveira (UFPR)
Valério Brusamolin (IFPR)

ASSESSORIA EDITORIAL
Lucas Casarini

REVISÃO
Andrea Bassoto Gatto

PRODUÇÃO EDITORIAL
Bruno Ferreira Nascimento

DIAGRAMAÇÃO
Andrezza Libel

CAPA
Amy Maitland

COMUNICAÇÃO
Carlos Eduardo Pereira
Débora Nazário
Kananda Ferreira
Karla Pipolo Olegário

LIVRARIAS E EVENTOS
Estevão Misael

GERÊNCIA DE FINANÇAS
Selma Maria Fernandes do Valle

COORDENADORA COMERCIAL
Silvana Vicente

Agradecimentos

Agradeço aos amigos que contribuíram como leitores durante a elaboração deste livro, com sugestões e discussões, dialogando comigo sobre a arte da dedução. Este livro, ou melhor, o desvendar da "Emboscada na Escuridão", transforma a história do Gil em literatura, ao mesmo tempo que comprova a teoria de Edgar Allan Poe. *Valeu, Gil!*

José Gaspar Chemin

Prefácio

O que há de científico na obra de Edgar Allan Poe e Arthur Conan Doyle? Os dois consagrados escritores da literatura criminal fizeram ainda mais que ilustrar o imaginário de todos os tempos históricos que sucederam suas obras com a descrição do que havia de mais perverso (e humano) na humanidade, e também o que havia de mais genial, com seus personagens complexos e contraditórios e suas certeiras habilidades de contar a vida como ela é: criaram, por meio de suas narrativas, um método de investigação. Digo método de investigação tendo em vista o significado duplo que o termo pode assumir – no sentido de modo de apreensão da realidade, necessário a qualquer pesquisa científica, e também no de investigação criminal.

Foi pela leitura assídua dos dois autores, do estudo aprofundado de suas obras e da extensa reflexão a respeito, que José Gaspar Chemin extraiu e empregou referido método de duplo caráter na narrativa de *Emboscada na Escuridão*. Aplicando as conclusões tidas pelas referidas leituras ao caso de um crime real do qual ele e Gil foram vítimas, que lhe feriu gravemente e acabou por tirar a vida de seu amigo, o poeta, que agora estreia como prosador, desvendou os motivos e, consequentemente, a autoria do trágico episódio. Apresenta, no seguinte livro, suas deduções a respeito.

Para tanto, Chemin inicia contando o contexto que o levou, na companhia de Gil, para o local do crime. É uma área dos campos gerais, na qual passa um rio que faz parte da sua história – que ele chama de "rio da sua vida", para o qual, apesar das dificuldades, estava contente em voltar. Frequentador desde a mocidade, conhecia o local como ninguém. Ao longo do texto, leva-nos por uma viagem regada a poesias feitas em homenagem àquele campo e àqueles personagens.

Ele descreve os detalhes geográficos do local do crime, mas também suas belezas. Levando-nos a sentir o que sentiu naquele dia com Gilberto, submetendo-nos ao desespero do momento da emboscada e ao alívio com as descobertas.

Expondo a aplicação do método investigativo ao caso real, Chemin nos conta como desvendou o crime em etapas, num texto sólido e leve, feito de prosa e poesia, e, ao mesmo tempo, angustiante, pela frieza dos assassinos. Em tempos de violência, a forma do autor lidar com o atentado por ele sofrido, racional, estratégica, sem deixar de ser artística, é, ao lado da comprovação das teses de Allan Poe e Conan Doyle, a riqueza do presente texto.

Maria Cristina Fernandes Ferreira

Prólogo

Na noite de 31 de março de 1964, as aulas do Colégio Regente Feijó, na cidade de Ponta Grossa, onde eu cursava a terceira série do ginásio, foram suspensas quando estava para iniciar a terceira aula, depois do intervalo de 15 minutos. Então, surgiu a pergunta: *"Por que esperaram o final do intervalo?"*. Nesse instante, um menino gritou lá no pátio: *"Inspetor! Aconteceu alguma tragédia?"*. A resposta foi: *"Não aconteceu nada. Apenas vão embora"*.

Saí pelo portão que dá para a Igreja do Rosário, contornei o ginásio pela frente e como já era tarde para ir ao cinema, só restava ir para casa. Ao chegar à Rua Bonifácio Vilela, do outro lado do Colégio, encontrei Alvino, meu irmão mais velho, à época sargento do Décimo Terceiro Regimento de Infantaria. Ele estava fardado e com tanta pressa que mal parou para me dizer: *"Tá começando um movimento revolucionário em Minas Gerais e fomos chamados para o quartel"*.

Ambos os fatos – a suspensão das aulas e a convocação do meu irmão – faziam parte da mesma trama: a preparação do golpe militar de 1964.

Interessante!

No primeiro minuto, a palavra *"tragédia"* e, no segundo, o seu nome, *"movimento revolucionário"*, eufemismo de golpe militar. O Regente Feijó fechou para o golpe porque estudantes dormindo incomodam menos e, assim, os golpistas poderiam agir à vontade.

Foi o golpe mais traiçoeiro e cruel possível, praticado justamente por aqueles que juraram defender a Constituição Federal.

Colocaram o Brasil com as mãos na parede durante quase um quarto de século, enquanto praticavam crimes de lesa-pátria e lesa-humanidade e, "aos crimes das nações Deus não perdoa", como disse o nosso poeta Gonçalves Dias[1].

No dia seguinte, sem saber ao certo o que estava acontecendo, já circulavam rumores de que algumas pessoas tinham sido presas na cidade.

Na tarde do dia 02 de abril foi decretado feriado bancário e toda a família estava reunida em casa para o café. Nós, os rapazes, entretendo-nos no jogo de truco, quando bateram violentamente à porta.

Abri e me deparei com uns 10 homens, mais armados que cangaceiros. Perguntaram por mim: É aqui que mora José Gaspar Chemin?". Respondi: "Sim, sou eu". "O delegado quer falar com o senhor". Foi o primeiro senhor da minha vida. Fiz menção de pegar meu paletó do outro lado da mesa e tentaram me impedir.

Cheguei à delegacia, onde já havia cerca de 10 homens encarcerados. Entre eles: Felipe Chede, que havia disputado as eleições municipais de 1963; o médico Dr. Dino Colli, primeiro violino e diretor da Orquestra Sinfônica de

---

[1] DIAS, Gonçalves. **Os timbiras**. Leipzig: Brockhaus, 1857, p. 529.

Ponta Grossa, e o Dr. José Kanawate, bacharel em Direito, formado na primeira turma da Faculdade Estadual de Ponta Grossa, e também violinista da Orquestra. Esses três homens eram meus ídolos – o primeiro político, de quem, inclusive, participei da campanha, e os dois primeiros violinistas que conheci pessoalmente.

Durante a tarde, prenderam mais alguns líderes sindicais e estudantis, totalizando dezoito prisioneiros.

Ao anoitecer, fomos escoltados até um ônibus, sem noção alguma do lugar para onde nos levariam. Dentro do veículo, alguns militares estavam armados com metralhadoras e, do lado de fora, dois jipes, equipados até com bazucas, escoltavam-nos, dando ares de uma operação de guerra.

Levaram-nos para Curitiba, mais especificamente para o Presídio do Ahú. Inauguramos o segundo piso, ainda em construção e sem luz elétrica. Ficamos alojados no escuro, um ou dois presos por cela. A noite estava gelada e mesmo tendo levado meu paletó tive que me exercitar quase o tempo todo para não morrer de frio.

Eu não colocaria nem um cão para dormir em tal lugar!

No dia seguinte conheci Valter Sâmara, com quem dividi a cela: ótima companhia, inteligente, bem humorado e extremamente vivido. Para passar o tempo, disputávamos no palito jantares em churrascarias de Ponta Grossa.

No terceiro dia, alguns dos presos mais importantes foram transferidos, Sâmara entre eles, o que nos deixou apreensivos, pois corriam boatos de que estavam sendo fuzilados. Só nos tranquilizamos quando, mais tarde, soubemos que a transferência era em razão da formação universitária.

Meu segundo companheiro de cela foi um ferroviário curitibano já bem velho, cujo nome não me recordo mais. Era extremamente nervoso, mas ao mesmo tempo otimista. Contou-me que na década de 1930, quando tinha sido preso, eram apenas cinco. Na década de 1940, preso novamente, integrava um grupo de trinta. Agora, passavam de cem homens. *As coisas estão melhorando*, ironizava.

No quinto dia abriram todas as celas e ficamos livres para circular pelos corredores por cerca de duas horas. Lá havia um salão enorme no qual se reuniam os presos. Pude observar que a maioria era composta de estivadores do Porto de Paranaguá. Nesse dia, tivemos acesso a livros, e me lembro de ter iniciado a leitura de *Os trabalhadores do mar*, de Victor Hugo.

Nos dias seguintes, um dos presos, dono da imobiliária Galvão, conseguiu alguns jornais. De sua cela, todas as noites, imitava o famoso "Repórter Esso", o principal noticiário da época. Eram momentos de distração muito cômicos.

Foi com Galvão que ouvi pela primeira vez o imponente nome do Marechal Humberto de Alencar Castelo Branco. Quando, dois dias depois, vi sua figura ínfima e grotesca, foi hilariante.

No dia 14 de abril recebi a visita de meu pai e acabei sendo libertado, porque já havia sido interrogado e em minha ficha constava apenas que eu "tinha ideias um tanto esquerdistas". Fomos até a rodoviária, na boca da noite, e tomamos um ônibus com destino a Ponta Grossa.

Por volta das dez da manhã do dia seguinte fui ao Banco INCO, onde trabalhava. O estabelecimento abria somente à tarde, portanto, os únicos funcionários presentes nesse horário seriam os da chefia, com quem eu precisava falar.

Ao entrar, notei que, estranhamente, havia expediente. Bati o ponto e alguém me disse: *"Chemin, o subgerente quer falar com você"*. *"Subgerente?"*, indaguei, e fui informado de que o banco havia preenchido esse novo cargo.

Entrei na sala do tal subgerente que, antes de qualquer apresentação disse, orgulhoso: *"Viu o que dá fazer greve? Eu comecei varrendo o banco, nunca fiz greve e hoje sou subgerente!"*. Respondi com Nietzsche, o filósofo do momento: *"Pois é, mas eu não sou humilde!"*.

Então o homem me mostrou um telegrama da matriz do banco, localizada em Itajaí, no estado de Santa Catarina, que anunciava "demissão por justa causa, em razão da minha prisão".

Resumindo: em apenas quinze dias sofri invasão de domicílio, fui preso sem motivo e sem mandado de prisão, solto sem ordem judicial ou alvará de soltura e perdi um emprego muito importante, isso tudo com apenas vinte e um anos de idade.

Lembro-me do olhar amedrontado que meus colegas lançavam para mim – medo maior que o dos que haviam sido presos comigo. No momento em que esperava contar com alguma solidariedade, tive que enfrentar um agente da ditadura em meu próprio local de trabalho!

O banco abriu pela manhã naquele dia porque o turno da tarde foi declarado feriado devido à posse do ditador Castelo Branco. Foi o primeiro feriado da ditadura. Essa série de acontecimentos lembra o livro *O processo*, de Kafka.[2] Na obra, o personagem principal, também bancário, foi retirado de sua vida normal, preso e julgado por um crime que desconhecia e que não lhe foi revelado.

Depois da prisão, senti que não havia clima para continuar estudando. Todos me olhavam de soslaio – estava marcado. Era alvo da discriminação de colegas, professores e até de familiares. Assim começou meu autoexílio.

Muitos anos após, com o advento da anistia e da Constituição Federal de 1988, recorri à Justiça do Trabalho. Após longa batalha judicial, processo que tramitou na primeira Vara do Trabalho de Ponta Grossa, sob o número de Autos 94-1989, obtive ganho de causa no Supremo Tribunal Federal, com direito a reintegração no emprego e às promoções asseguradas pelo artigo oitavo do Ato de Disposições Transitórias da Constituição.[3] A reintegração deveria abranger todas as promoções que poderiam ter ocorrido como se tivesse permanecido no exercício da função.

Nessa época eu exercia o cargo de assessor na Assembleia Legislativa do Estado do Paraná. Decidi pedir exone-

---

[2] KAFKA. Franz. **O Processo**. São Paulo: Abril Cultural, 1982.

[3] BRASIL. Constituição (1988). Constituição da República Federativa do Brasil: promulgada em 5 de outubro de 1988. 4. ed. São Paulo: Saraiva. 168p. (Série Legislação Brasileira).

ração após a realização de uma audiência de conciliação no dia 07 de fevereiro de 2000, na qual o Banco Bradesco – que incorporou o Banco Inco – por sua advogada, concordou com a reintegração e com as promoções.

Todavia, sete dias após minha reintegração, um oficial de justiça me procurou em pleno expediente de trabalho e apresentou-me um mandado para responder aos termos de uma ação rescisória, a qual, no Direito Civil, objetiva invalidar uma sentença já transitada em julgado – um pedido liminar proposto pelo Bradesco, altamente danoso aos meus direitos, que negava a sentença anteriormente explicitada.

O novo advogado do banco, Manoel Antonio Teixeira Filho, fundamentou que eu havia cometido um ilícito civil ao ocultar deliberadamente a existência de uma suposta ação trabalhista, que teria sido proposta no ano de 1964, poucos dias após o golpe militar. Para comprovar a acusação, apresentou cópia de um pretenso termo de conciliação, totalmente forjado.

O acolhimento da ação pelo Tribunal Regional tem explicação digna de roteiro de filme: o advogado do banco era professor, conferencista, autor de diversos livros sobre Direito do Trabalho e juiz nesse mesmo Tribunal, do qual se aposentou apenas trinta e cinco dias antes de propor a ação rescisória. Pelo óbvio, era, de longe, o maior nome do Tribunal, motivo a mais para ainda exercer sua influência. À época, ainda não existia a vedação para juízes recém-aposentados praticarem a advocacia em seu próprio Tribunal.

Conseguiu o que nenhum outro advogado do mundo conseguiria!

Falar de Kafka e de *O processo* sem falar de *A metamorfose*[4] é pouco: em apenas trinta e cinco dias, o juiz metamorfoseou-se em advogado trocando a toga pela beca. Com tal manobra, conseguiu o indeferimento dos pedidos das promoções constitucionalmente garantidas, congelando meu salário no mínimo bancário.

Humilhado nessa situação, sem conseguir sequer o pagamento das verbas incontroversas, os prejuízos foram se acumulando na mesma medida da perda das esperanças de que a Justiça do Trabalho cumpriria a sentença que garantiu meus direitos.

No início desses acontecimentos eu morava em Curitiba e viajava diariamente a Ponta Grossa, porque, devido ao acordo com o banco, antes da ação rescisória e em função de formalidades da Anistia, só trabalharia no local por cerca de um mês, aposentando-me em seguida.

Em razão da negação do pagamento do incontroverso, por recomendações médicas e para economizar palitos, vi-me obrigado a alugar uma quitinete em Ponta Grossa, para ficar durante os dias de trabalho. Foi quando aconteceu a história narrada a seguir.

---

[4] KAFKA. Franz. **A Metamorfose**. São Paulo: Companhia Das Letras, 1997.

Sumário

CAPÍTULO I
Alugando Quitinete 23

CAPÍTULO II
A Pequena Mudança 25

CAPÍTULO III
A Emboscada 29

CAPÍTULO IV
No Hospital 33

CAPÍTULO V
Uma Luz na Escuridão 37

CAPÍTULO VI
As Primeiras Deduções 41

CAPÍTULO VII
O Resultado da Balística 45

CAPÍTULO VIII
"O criminoso sempre volta ao local do crime" (dito popular) 47

CAPÍTULO IX
Conclusão 49

Mapa do local da emboscada 53

Referências 55

Emboscada na Escuridão

Um crime duplamente extraordinário

Nem no inferno

Esquecerão meus gritos

Os malditos

CAPÍTULO I

Alugando Quitinete

Fiquei dois anos fazendo o trajeto Curitiba-Ponta Grossa e vice-versa, diariamente, após ter sido reintegrado em um emprego trinta e seis anos e cem dias depois da minha demissão! Aluguei uma quitinete num predinho inacabado, no Jardim Primavera, quase à beira do Rio Verde, por um valor de aluguel irrisório – o que eu podia pagar à época. Era uma construção de dois pavimentos, comprida e com diversos apartamentos.

O Rio Verde fora extensão da casa em que morei em Ponta Grossa quando mais novo. É o rio da minha vida! Em suas margens joguei futebol suíço por mais de vinte anos. Ali o campo ainda é natural, rico em frutas, fontes, jardins, flores e toda riqueza que os Campos Gerais nos oferecem.

Uma fonte d'água que formava um banhado na beira do rio foi desviada nos anos 1950, por um canal em parte cavado no próprio arenito, e tornou-se uma bica maravilhosa, que existe até hoje. A água cai de aproximadamente quatro metros de altura, e lá foi construído um trampolim, o que fez da bica o epicentro do lugar.

Após o futebol tomávamos banho nela fosse verão ou inverno. Ali aprendi que no inverno as fontes esquentam e o rio gela, então mergulhávamos no rio e saíamos na maior velocidade possível para a bica.

Trilho esse campo desde 1961 e não há ali um caminho por onde eu não tenha passado centenas de vezes.

Comentei com Gilberto, velho amigo, sobre a necessidade de morar em Ponta Grossa, e como ele tinha ido à cidade junto com seu amigo Nelson, os dois me encontraram no banco, na sexta-feira, e fomos juntos conhecer a quitinete.

Demos uma olhada no imóvel, que estava fechado, e descemos para o campo. Ao ver suas maravilhas, Gil, que estava procurando um lugar para morar em Curitiba, resolveu que também se mudaria para Ponta Grossa – seria o lugar ideal para desenvolver seus dois projetos daquele momento até o fim do ano e em alguns feriados levar seus filhos, ainda pequenos, para brincar e ficar em contato com a natureza da sua cidade natal por uns meses.

A expectativa da mudança era grande e já na semana seguinte, organizamos a papelada e pegamos as chaves; restava apenas preparar a pequena mudança.

* * *

CAPÍTULO II

A Pequena Mudança

Na manhã de sábado, primeiro de junho de 2002, Gil entrou no meu apartamento em Curitiba e com uma alegria infantil, exclamou: *"Vamos! Estou pronto!"*. Terminei de arrumar minhas coisas enquanto tomávamos chimarrão. Levei apenas o estritamente necessário: um saco de dormir, um travesseiro, alguns livros, roupas e nada mais, pois o carro dele já estava abarrotado. Partimos por volta de nove horas da manhã.

Durante a viagem, Gil disse que essa mudança foi a primeira decisão importante que ele tomou sozinho em sua vida. Contou que havia passado a semana preparando a mudança com a ajuda do Nelson e que estavam prontos para viajar, porém uma festa de despedida feita pelo irmão dele, na casa de quem ele estava hospedado, tinha adiado a viagem e Nelson havia ficado de fora.

Ele disse, ainda, que estava namorando uma "galega" e pretendia escrever-lhe um poema de Dia dos Namorados. Sugeri que o entregasse com um buquê de flores do campo. Ele gostou da ideia.

Ao chegar, levei minhas coisas para a quitinete, descendo em seguida para ajudá-lo. Ele instalou seu inseparável computador e, em seguida, o chuveiro, dizendo que este seria apenas para seus filhos, que moravam com a ex-esposa em Curitiba, pois estava decidido, assim como eu, a apenas tomar banho na bica e nas cachoeiras do Rio Verde.

No meio da tarde saímos para comprar alguns utensílios domésticos que faltavam, e eu queria apresentar Gil para minha mãe e minha irmã Teresa. Então fomos até o casarão, na parte central da cidade, onde elas moravam.

Depois das devidas apresentações, deixei os três conversando e fui para o quintal, onde colhi algumas frutas e hortaliças, e depois ao porão, onde peguei duas cadeiras e uma mesinha, que me serviram durante os dois anos em que morei na quitinete.

Quando voltei eles estavam na cozinha, conversando e rindo, como se fossem velhos amigos, enquanto Teresa preparava o almoço. Então almoçamos, conversamos por mais algum tempo e, ao nos despedirmos, ambas insistiram para o Gil voltar sempre.

Na volta passamos no açougue, pensando no banquete da aventura de domingo. A ideia era carne e pinhão assados, frutas, hortaliças e o que mais a natureza nos oferecesse.

Em casa, acomodamos os móveis e descemos rápido para o campo, antes que anoitecesse. Para comemorar, levamos chimarrão e vinho.

Depois do tradicional banho de bica, enquanto Gil explorava o rio, eu juntava lenha embaixo dos eucaliptos. Como havia muito vento, voltamos à gruta, que ficava a cerca de 50 metros acima da bica e na beira do rio. Gil perguntou: *"Esta é a gruta da poesia?"*. *"É esta sim"*, respondi. *"E amanhã você vai conhecer outros lugares sobre os quais escrevi e você digitou e registrou na biblioteca nacional".*

Toda gruta
Precisa de uma fonte
Para ficar à escuta

Da gruta tem-se ótima vista do rio, e naquela época do ano, além de tudo, ela é aquecida pelo sol e oferece um belo crepúsculo. E é nela que nos protegemos das intempéries há mais de 40 anos!

Enquanto eu fazia o fogo do chimarrão, Gil entrou na gruta, e quando, alguns minutos depois, eu lá cheguei com o chimarrão pronto, ele estava deitado de barriga para cima, com as mãos no peito, como se estivesse morto. Achei que era brincadeira, mas ele estava dormindo profundamente. Então tomei outro chimarrão, e depois outro, e como ele não acordava, também adormeci por alguns minutos, o suficiente para afastar o cansaço, pondo-me mais à altura do momento.

Enquanto fui reacender o fogo, Gil acordou fazendo palhaçada e, rindo, explicou que as mãos no peito tinham sido a única maneira de se equilibrar ali. E devido aos esforços da semana e ao banho na bica, ele simplesmente tinha apagado.

Durante o chimarrão e o vinho, conversamos, filosofamos e rimos uma enormidade.

* * *

CAPÍTULO III

A Emboscada

Ao sair da gruta e para não voltar pelo mesmo caminho, subimos o campo até a proximidade da cerca da sede campestre do Colégio São Luiz e seguimos a certa distância, paralelamente a ela.

Dali, mesmo à noite, tem-se um grande visual do campo, e eu, sempre apontando para a imensidão do outro lado do rio, contava-lhe histórias do lugar.

Quando estávamos muito próximos da saída, percebi, de golpe de vista, algumas moitas mais compactas, e lembrei que ali a população sempre joga algum lixo, então desviamos à direita, para tomar a trilha transversal. Gil, que caminhava uns cinco metros à minha direita, ficou uns cinco metros a minha frente.

Foi nesse instante que aconteceu o impensável, o inconcebível, o absurdo por excelência: vindos das ditas moitas, tiros, tiros e mais tiros!

Num movimento de reflexo, virei-me em direção aos disparos e vi o clarão de duas armas de fogo, aproximadamente quatro metros uma da outra, e na mesma distância de mim, formando um triângulo equilátero.

Era uma emboscada noturna! Os atiradores estavam deitados e disparavam por entre a relva, que tinha cerca de um metro de altura. Ao me virar, fui atingido por três tiros, embora só tenha sentido o que me acertou o pé esquerdo, que era o pé de apoio. Caí e, vendo luzes em câmera lenta, pensei: "Estou perdendo os sentidos ou morrendo?".

O pavor indescritível de tal momento, somado ao pensamento soberbo que surgiu das minhas entranhas – "Eu não posso morrer!" – me fizeram, num rompante, sair correndo em disparada e gritando: "Socorro" Socorro! Estão nos matando! Socorro! Socorro!".

Ao alcançar a saída do campo, virei-me e gritei: *"Gilberto! Gilberto!"*. Não houve resposta.

Subi os mais ou menos cem metros até o portão do Colégio São Luiz. Durante esse trajeto, eu sentia o sangue escorrendo pelo meu joelho esquerdo e temia o que vi acontecer em muitos filmes: alguém leva um tiro, corre um pouco e cai. Preocupava-me com o Gil, pois, se isso acontecesse e ele estivesse ferido, não suportaria o frio da madrugada.

Quando surgi da escuridão, no portal do colégio, deparei-me com um homem que vinha correndo para entrar ali. Ele me ajudou a caminhar até a frente de uma casa, onde havia luz. Era a residência do Sr. Borges, sargento do Corpo de Bombeiros. Ele e sua esposa também tinham escutado os disparos e gritos e saíram para ver o que estava acontecendo – assim como toda a vizinhança. Ali mesmo tirei o tênis e a calça. Dois projéteis tinham atravessado a parte posterior da minha perna esquerda e o terceiro tinha entrado pelo dedinho e saído pelo calcanhar, também do pé esquerdo.

Hoje, pensando a respeito do tiro no pé, concluí que ele provocou um efeito contrário ao do "Calcanhar de Aquiles". Digo isso porque enquanto o herói mítico grego, ao ser atingido caiu para sempre, eu saí em disparada.

A esposa do Sr. Borges ligou imediatamente para o Siate (Serviço Integrado de Atendimento ao Trauma em Emergência), e para meus filhos, Bianca, Bruno e Marcelo, que moravam na cidade.

Enquanto aguardávamos, conversei com Anito, o homem que havia me ajudado, e seu filho Rosélio. Anito morava ao lado da sede do colégio, da qual Rosélio era zelador, e corria em socorro deste, pois pensou que os tiros tivessem ocorrido na casa dele. Anito calculou cerca de quinze disparos e Rosélio, onze ou doze.

O Siate chegou em poucos minutos e fui levado para o Hospital Santa Casa. No caminho, avisaram pelo rádio que já haviam encontrado Gilberto e que ele levara um tiro que tinha entrado pelo flanco esquerdo e saído próximo à orelha, e fora encaminhado ao Hospital Bom Jesus.

E, assim, antes que aquele sábado tão aventuroso terminasse, cada um de nós estava em um hospital. O Gil, pelo óbvio, em estado gravíssimo.

CAPÍTULO IV

No Hospital

Quando cheguei à Santa Casa, meus filhos já estavam lá. Fui imediatamente atendido e tive sorte, pois o jovem médico plantonista, Dr. Rocha, era de uma família de amigos. Como os ferimentos não eram graves, meus filhos foram imediatamente ao encontro de Gil.

No Hospital Bom Jesus encontraram Gilberto ainda no ambulatório, esperando atendimento há aproximadamente uma hora. Diante de tal negligência, exigiram atendimento imediato. Na discussão que se seguiu, Gil ainda interveio: *"Não briguem!"*. Estas, provavelmente, foram suas últimas palavras.

Enquanto Bianca e Marcelo ficaram com Gil, Bruno, no desespero do momento, foi até um orelhão e chegou a ligar para Péricles, amigo meu e do Gil, que àquela época era prefeito da cidade.

Enfim, Gil foi atendido por um médio e submetido a mais de duas horas de cirurgia, entrando em coma. Nos dias que se seguiram, ele passou por muitas outras cirurgias, feitas por médicos sobre os quais eu só ouvi elogios.

Na segunda-feira recebi uma ligação do Bruno. Entusiasmado, contou ter achado dentro do tênis que eu usava na noite da emboscada, a bala que tinha atravessado meu pé.

Na terça-feira, o jornal *Diário dos Campos* publicou a seguinte matéria:

"Diário dos Campos, terça-feira, 4 de junho de 2002

Desconhecido atira contra dois homens. PONTA GROSSA – Policiais da 13. SDP realizam investigações na tentativa de localizar e prender o homem que disparou entre 8 a 12 tiros contra os trabalhadores Gilberto Carneiro Soares, 44 e José Gaspar Schemin, 60. O atentado aconteceu no final de semana no Jardim Primavera e até ontem à tarde a polícia não tinha pistas do criminoso.

As vítimas residem à Rua Ari Munhoz e estavam tomando chimarrão, em um terreno baldio, quando foram baleadas.

Gilberto levou tiros nas costas e pescoço e foi internado no Hospital Bom Jesus. José recebeu três tiros na parte posterior da perna esquerda e foi encaminhado ao Hospital Santa Casa. Os dois foram socorridos pelo SIATE.

Segundo a polícia, as investigações serão impulsionadas após o interrogatório dos feridos. A informação depende de confirmação, mas há uma testemunha que afirma que o responsável pelos tiros teria recarregado o revolver. O fato aconteceu sábado à noite (M.M)".

Com essa matéria, os criminosos ficaram tranquilos e eu, debaixo de chacotas. Ela acobertou e confundiu de tal forma os fatos, que parece ter sido escrita para esse fim. E, até hoje, praticamente ninguém sabe sequer que Gil morreu porque foi a única reportagem feita sobre a emboscada.

O erro principal e mais grave foi a afirmação, quatro vezes enfatizada, de que os tiros tinham vindo de um só homem. O segundo erro foi dizer que éramos trabalhadores tomando chimarrão num terreno baldio. Ao nos chamar de trabalhadores, o jornalista não estava exaltando o termo, tanto que nem se importou em checar os fatos.

Outro equívoco foi a sentença: *"Segundo a polícia, as investigações serão impulsionadas após o interrogatório dos feridos"*. Ora, vítimas não são interrogadas e, sim, **prestam declarações!** E o tal "interrogatório", ele jamais aconteceu.

Quanto *"a informação depende de confirmação, mas há uma testemunha que afirma que o responsável pelos tiros teria recarregado o revólver"*, ora, é óbvio que teria recarregado o revólver! Esse tipo de arma só abriga seis balas, e se houvesse, como foi dito na reportagem, apenas um atirador, era preciso recarregar para disparar "de 8 a 12 tiros".

Em relação aos detalhes supostamente obtidos por "uma testemunha", o mínimo que posso dizer é que é uma afirmativa absurda. Na escuridão do campo, só se fosse uma coruja ou um morcego!

O jornal errou meu nome, meu endereço e a informação a respeito dos tiros.

Não nos respeitam nem na tragédia!

* * *

CAPÍTULO V

Uma Luz na Escuridão[5]

Recebi alta do Hospital no dia 5 de junho e, saltando em um só pé, fui convalescer na casa da minha mãe. Assim que cheguei lá, telefonei para dois amigos, conhecedores do campo, para que fossem até o local da emboscada e procurassem a sacola do Gilberto e o canivete suíço que eu havia perdido ao cair.

Eles foram acompanhados de dois policiais e acharam até as taças de cristal com as quais Gil tinha me surpreendido – *taças de cristal na gruta!* – e que usamos para tomar vinho na noite da tragédia. No entanto, o mais importante foi esquecido: marcar o local para, mais tarde, facilitar a busca pelas cápsulas.

Ao voltar, trouxeram-me a seguinte notícia: na noite da emboscada houve um assalto na Mercearia Silvio Gorte, localizada na Praça da Vila Dal' Col. Os assaltantes fugiram, conforme descobri, cada um com seu revólver em mãos, e perderam-se na fuga.

O erro foi não entrar na primeira e, sim na segunda rua à direita. Eles foram espremidos entre o rio e a cerca da última casa, onde morava um filantropo de cachorros doentes e abandonados. À época, ele cuidava de cerca de

---

[5] Paráfrase do capítulo VII de *Um estudo em vermelho*, denominado "Uma luz nas trevas". DOYLE, Arthur Conan. **Sherlock Holmes**: um estudo em vermelho. Rio de Janeiro: Zahar, 2009.

40 animais. Tinha até Fila brasileiro. A cena deve ter sido aterrorizante: todos os cachorros latindo juntos, naquele silêncio de beira de rio. A fuga equivocada fez os jovens assaltantes contornarem a quadra e quase voltarem à mercearia assaltada, para só então ganharem a escuridão do campo.

No dia 6, fui à Clínica do renomado cirurgião Dr. Luiz Jacintho, por quem tive a sorte de ser acompanhado enquanto estive hospitalizado, para trocar os curativos. No dia 11, ele fez a última troca e disse que no dia seguinte eu já poderia visitar meu amigo na UTI.

Voltei para casa emocionado porque, finalmente, passados 12 dias daquela terrível noite, poderia ver o Gil. Combinei com a Bianca de irmos juntos e tentarmos fazer um milagre. Porém, na madrugada do dia 12, dia dos namorados, Gilberto morreu de infecção hospitalar. Os médicos salvam e o hospital mata. Revoltante paradoxo!

Os filhos do Gil estavam hospedados na casa dos meus filhos e foi deles que recebi a notícia. O velório seria em frente ao portal do Cemitério São José, às 17 horas.

Fui com a Bianca e, apesar do meu estado, consegui chegar muito próximo ao caixão. Os familiares formavam uma gruta em volta dele e ele estava deitado na mesmíssima posição da noite da emboscada. Parecia uma repetição daquela cena.

Seus dois filhos pequenos agarraram-se às minhas pernas, e quando fui lhes dizer uma coisa, disse outra. Eu estava delirando! Então, ao olhar para o Cemitério, para onde Gil iria em instantes, veio-me a lembrança avassaladora da história trágica do nosso grande professor Bruno Enei, que, ali mesmo, após enterrar seu melhor amigo, ainda dentro do cemitério, caiu morto.

Disse para a Bianca: *"Vamos voltar. Não estou bem"*. *"Eu não posso morrer!"*.

* * *

CAPÍTULO VI

As Primeiras Deduções

No caso presente há um mistério que estimula a imaginação.[6]

Exatamente um mês após a emboscada, no dia primeiro de julho, ainda mancando um pouco, retornei ao trabalho e, apesar das objeções de absolutamente todos, fui morar na quitinete do Jardim Primavera – a trezentos metros do local do crime.

Eu já sabia que a emboscada não era para nós desde o momento dos tiros. *"Sejam quem forem, estão enganados!"*, pensei na hora.

Envolvido pela investigação, lembrei-me que em algum lugar dos livros *Assassinatos na Rua Morgue*[7] – com o qual foi criada a ciência da dedução –, e em "Um estudo em Vermelho, havia algo sobre o "**extraordinário simplificar ao invés de complicar**".

Comecei uma pesquisa nessas obras, que já tinha lido diversas vezes. Nelas, encontrei as seguintes citações, próprias para resolver "casos extraordinários":

---

[6] DOYLE, Arthur Conan. **Sherlock Holmes:** um estudo em vermelho. Rio de Janeiro: Zahar, 2009, p. 53.

[7] POE, Edgar Allan. **Assassinatos na rua Morgue e outras histórias.** Porto Alegre: L&PM, 2016.

"Em investigações como esta que estamos fazendo, não se deve perguntar 'O que aconteceu', mas 'O que aconteceu desta vez que nunca aconteceu antes'".[8]

"A solução desse mistério está na razão direta de sua aparente insolubilidade aos olhos da polícia".[9]

"Ao resolver um problema desse gênero, o essencial é saber raciocinar retrospectivamente. É um processo muito útil e fácil, mas poucos se servem dele. Nos assuntos cotidianos é mais fácil raciocinar para frente, na direção do tempo, de maneira que o processo inverso vai sendo esquecido... O caso em questão era precisamente um desses, em que são dadas as consequências e nada mais. O resto, os acontecimentos causais, tinham que ser deduzidos".[10]

"É um erro confundir estranheza com mistério".[11]

"Esses pormenores estranhos, longe de tornarem o caso mais difícil, contribuíram realmente para que o fosse menos".[12]

"Eles caíram no erro grave, mas comum, de confundir o incomum com o complexo".[13]

---

[8] POE, 2016, p. 35.
[9] POE, *loc. cit.*
[10] DOYLE, 2009, p. 142.
[11] DOYLE, 2009, p. 76.
[12] DOYLE, *loc. cit.*
[13] POE, 2016, p. 35.

EMBOSCADA NA ESCURIDÃO

Todas essas citações apontam para a simplicidade e, levando-se em consideração que o caso em questão é "duplamente extraordinário"; pela lógica, também deverá ser duplamente simples ou "duplamente elementar", como diria Sherlock Holmes.

Fiquei tão maravilhado com essas citações que, às vezes, tenho a impressão de que elas foram escritas para eu selecionar esse caso!

Enquanto me aprofundava nessas obras e aguardava o resultado do exame da balística, consegui reunir os seguintes elementos para a análise do crime.

1. Atiraram no escuro.

2. Nada disseram.

Nenhuma palavra, nenhum palavrão, nenhuma truculência!

O fato de não terem dito uma só palavra é mais extraordinário ainda do que atirar no escuro, ou mais "sugestivo", como novamente diria Sherlock Holmes, pois isso só se explicaria se os atiradores fossem mudos.

"Não há nenhuma satisfação na vingança se o inimigo não tem tempo de saber quem o golpeia e por que motivo".[14]

3. Os atiradores estavam deitados e dispararam por entre a relva.

---

[14] DOYLE, 2009, p. 134.

4. Eram pelo menos dois.

5. Isso eu vi pelo fogo das armas, mas poderia haver mais, pois a sensação era a de estar em um paredão.

6. Uma ação tão violenta requer motivo igualmente violento (terceira Lei de Newton: "A toda ação há sempre uma reação igual e contrária").

7. Para se chegar à noite ao local da emboscada é preciso ter alguma intimidade com o terreno.

* * *

CAPÍTULO VII

O Resultado da Balística

Após fazer o exame de corpo de delito, entrei na delegacia para falar com o delegado Noel, pois ele tinha, acompanhado de Péricles, visitado-me dias antes, na casa da minha mãe. Como ele não estava, falei com outro delegado, que também conhecia dos tempos da faculdade, e pedi para alguém me acompanhar até o campo, para ter uma noção do local do crime.

Foram comigo dois funcionários, mas só o mais velho me acompanhou de fato. O outro ficou passeando pelo campo. Fizemos parte do trajeto que havia feito com Gil. Quando chegamos à gruta, não pudemos entrar devido à presença de pescadores.

Na saída do campo encontramos Rosélio, no portal do colégio. Percebi, durante a conversa deles, que meu acompanhante era extremamente rude e prepotente. Ali mesmo, despedi-me dele e lhe disse que me procurasse se necessário.

Dias depois ele voltou e eu lhe disse que havia chegado o resultado do exame da balística e a arma que havia atingido meu pé era um "longo rifle calibre 22". Tentei mostrar-lhe que esse resultado tirava de cena os assaltantes da Mercearia Silvio Gorte, pois eles portavam armas curtas. Mas ele contra-argumentou, dizendo que os assaltantes poderiam ter deixado um rifle escondido no campo e chamou minhas deduções de conjecturas, afirmando rudemente: *"Em meus vinte anos de polícia nunca vi ninguém sair dando tiro à toa no escuro"*.

Para mim foi o que bastou. E dele só resta a frase: "**Em meus vinte anos de polícia...**", por coincidir com esta, de Lestrade: "**Apesar de meus vinte anos de experiência...**".[15]

"Interessante", falou, como o valoroso Lestrade, mas agiu como o medíocre John Rance.

"Aqui tem meia libra, disse Holmes, levantando-se e apanhando o seu chapéu".

"Acho que você não vai subir muito na força policial, Rance. Sua cabeça devia ser mais que um ornamento. Ontem à noite você poderia ter ganho as suas divisas de sargento. O homem que você teve nas mãos é precisamente o que possui a chave desse mistério e está sendo procurado por nós. Agora é inútil discutir a esse respeito, mas repito que assim o foi".[16]

---

[15] DOYLE, 2009, p. 71.

[16] *Ibid*, p. 50.

CAPÍTULO VIII

"O criminoso sempre volta ao local do crime" (dito popular)

Na meada incolor da vida corre o fio vermelho do crime e nosso dever consiste em desenredá-lo, isolá-lo e expô-lo em toda sua extensão.[17]

Alguns dias após o resultado do exame da balística, ao descer à tarde para o campo e ao chegar à sede, vi, por entre os cedrinhos que a cercavam, um homem procurando algo no local da emboscada.

Inacreditável! Eu sempre dizia para o Rosélio ficar de olho naquele lugar, mas a sorte foi minha, e eu fiz por merecer! O homem parecia extremamente preocupado. Dava uma rápida olhada para o chão e logo olhava para todos os lados, dando a maior bandeira. Fiquei um momento a observá-lo e, então, fiz barulho para mostrar que alguém estava chegando ao campo, para ver como ele reagiria.

Sem olhar para a direção do som – o que é instintivo –, ele saiu do local andando de lado e veio postar-se junto ao tronco da única árvore do local, um Pinus, exatamente no caminho por onde eu teria de passar.

---

[17] DOYLE, 2009, p. 51.

Para dissimular, levantou o braço rente ao rosto e ficou segurando um galhinho, fingindo, como se fosse um atleta. Ao meu *"Alô"*, respondeu com um enrugar de testa.

O homem alto e magro lembrou-me um macaco-aranha, e a julgar pela sua *performance*, não deve ser muito mais inteligente que o símio.

Foi a segunda vez que aquele homem escutou a minha voz naquele lugar!

CAPÍTULO IX

Conclusão

Pode-se enganar todos durante algum tempo,
alguns durante todo o tempo, mas é impossível
enganar todos durante todo o tempo.

(Abraham Lincoln)

Um ano e quarenta e seis dias após a data da emboscada, no dia 16 de julho de 2003, os bombeiros foram chamados por Rosélio para apagar um incêndio no campo, que ameaçava a sede do Colégio São Luiz e aproveitaram para fazer um trabalho de prevenção, queimando parte do terreno dos fundos da sede. Foi a única vez em minha vida que me alegrei ao ver um campo queimado.

Era o que eu precisava para achar as cápsulas. Pouparam-me o trabalho. Aos heróis do fogo, meus agradecimentos!

Uma vez o campo queimado, eu precisava de chuva para levar as cinzas, e ela veio dois dias depois. Então comecei a busca. Todas as manhãs, eu ficava cerca de uma hora a procurar.

No primeiro dia, achei um projétil calibre 38 e, no dia 25, encontrei o local exato da emboscada, com as cápsulas das balas dos atiradores que eu tinha visto. Continuei procurando por mais ou menos trinta dias e achei, ao todo:

- Um projétil calibre 38.
- Dez cápsulas 7,65, uma delas intacta.
- Cinco cápsulas calibre 22, uma intacta e idêntica à que tinha atravessado o meu pé.
- Um cartucho de espingarda calibre 12 furado, do qual havia caído parte dos chumbinhos.

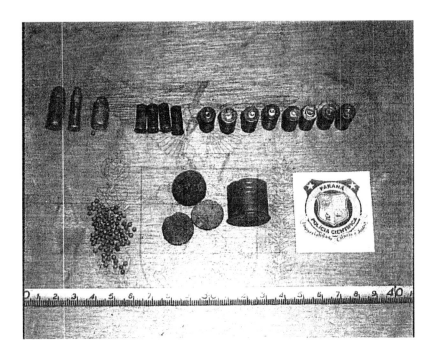

Meu irmão, Celeste Luiz Chemin, foi quem encaminhou essa parafernália de guerra para a delegacia, para constar no inquérito policial.

Como todo dia eu passava pelo local do crime e como sei que quem acha 20 objetos pequenos, com algum trabalho, pode achar mais, resolvi continuar a procura.

Em minhas buscas posteriores, achei mais dois cartuchos de espingarda calibre 12 e outra cápsula intacta calibre 7.65 – esses três deixei lá, para marcar o local.

E agora, senhores leitores, que já sabemos que os assaltantes deixaram a cena do crime, pergunto: quem resta no palco?

Os assaltos são feitos de assaltantes e assaltados. Como já sabemos que os assaltantes saíram de cena, vamos aos assaltados.

Eles eram dois vizinhos: Silvio Gorte, que empresta seu nome à mercearia, e seu sogro, Valdomiro de Bonfim, que tem dois filhos: um é policial militar e, o outro, conhecido por Jacaré, é pai de um rapaz de vinte e poucos anos, chamado Emerson. São, portanto, cinco homens, que moravam, lado a lado, e todos ajudavam na mercearia. Trata-se de um clã.

Devo esclarecer que Jacaré era alcoólatra e sempre exibia sua espingarda aos clientes, quando bêbado. Assim, pergunto: qual alcoólatra, sábado à noite, estaria sóbrio?

E, ainda, qual alcoólatra iria numa empreitada de morte sem tomar uns goles? O que serve para todos! O que deve explicar o cartucho furado encontrado – sendo preciso muita força para furá-lo –, tamanho era o **nervosismo**. O que explica também ele ter perdido os dois cartuchos e os outros terem perdido, cada um, cápsulas intactas, indicando, ainda, que eram **amadores**.

De posse desses conhecimentos, vieram as últimas deduções:

- Dissemos que era necessário um motivo violento para gerar a emboscada e encontramos um assalto.
- Dissemos que se fazia necessária a confiança mútua entre os atiradores e encontramos um clã.
- São da beira do campo ou não levariam armas longas.
- Como eu já suspeitava, não eram apenas dois atiradores, mas, no mínimo, quatro, a julgar pela variedade das cápsulas.
- Para atirar, basearam-se apenas nos vultos.
- Não terem ficado em posição de tiro, apesar de atirar pelas costas, demonstra medo. Mas medo de quem? De dois poetas curtidores da natureza que jamais andaram armados?
- Nada disseram também por medo e falta de necessidade: pensaram ser apenas um reencontro.
- Atiraram por entre a relva e deitados, pelo mesmo motivo: medo! Sabiam que os assaltantes, COM QUEM NOS CONFUNDIRAM, estavam armados!

Por tais deduções, impõe-se e expõe-se o óbvio: foram os assaltados, e não os assaltantes!

E eis que o silêncio dos assassinos adquire absoluta eloquência porque, ao não dizerem nada, disseram tudo.

E da escuridão fez-se luz.

FIM.

Mapa do local da emboscada

Referências

BRASIL. Constituição (1988). Constituição da República Federativa do Brasil: promulgada em 5 de outubro de 1988. 4. ed. São Paulo: Saraiva. 168p. (Série Legislação Brasileira).

DIAS, Gonçalves. **Os timbiras**. Leipzig: Brockhaus, 1857. p. 529.

DOYLE, Arthur Conan. **Sherlock Holmes:** um estudo em vermelho. Rio de Janeiro: Zahar, 2009.

KAFKA, Franz. **A metamorfose**. São Paulo: Companhia das Letras, 1997.

KAFKA, Franz. **O processo**. São Paulo: Abril Cultural, 1982.

POE, Edgar Allan. **Assassinatos na rua Morgue e outras histórias**. Porto Alegre: L&PM, 2016..